LE TRÉSOR DE L'ENFANCE

NOUVEAU COURS D'ENSEIGNEMENT ÉLÉMENTAIRE

PAR H. HURÉ ET J. BRARE

LE PREMIER LIVRE

PREMIÈRE PARTIE.

MÉTHODE ANALYTIQUE ET COMPARATIVE

pour l'enseignement

DE

LA LECTURE PAR L'ÉCRITURE

ET RÉCIPROQUEMENT

Avec quelques notions des plus élémentaires du Calcul

PAR J. BRARE

Ancien chef d'institution.

« Laissez venir à moi les petits enfants. »

PARIS

LIBRAIRIE DE L'ENFANCE ET DE L'ADOLESCENCE

J. BRARE ET Cie, ÉDITEURS

7, RUE DE LA HARPE, PRÈS LA PLACE SAINT-MICHEL.

AVIS IMPORTANT.

En tête des exercices préparatoires et de chaque leçon, nous désignons les numéros des cahiers de notre Méthode d'Écriture dont les exercices sont en concordance avec la leçon de lecture. (1)

Nous conseillons de passer très-brièvement sur les exercices préparatoires, que nous n'avons mis ici que pour les personnes qui ne les jugeraient pas inutiles, et pour en faire concorder l'étude avec les exercices de notre premier Cahier d'écriture. Il faut, en effet, que l'élève se soit bien exercé à reproduire les bâtons et les éléments des lettres droites de ce cahier, avant d'aborder la première leçon de son petit livre, page 8. C'est à cette première leçon que commence en réalité notre méthode.

On fera très-bien, dès l'étude des exercices préparatoires, d'apprendre oralement aux enfants et de leur faire réciter à haute voix l'*alphabet* (voyelles et consonnes mêlées, pour leur faciliter plus tard la recherche des mots au dictionnaire), la *table de multiplication*, quelques petites additions, quelques petites soustractions, afin de bien varier leur petit travail qui, au lieu de les rebuter, leur deviendra ainsi intéressant.

En tête et au bas de la plupart des leçons, se trouvent des notes et des renvois qui s'adressent aux moniteurs pour leur servir de guides auprès des élèves que le maître confie à leur direction. Ces notes ont pris quelquefois la place des *exercices de calcul*; on y suppléera à l'aide de ceux qui précèdent, comme dans les pages qui, privées de modèles de copie, ne portent aucun chiffre.

(1) Voir, à la fin du volume, la note relative à ces CAHIERS D'ÉCRITURE.

LE PREMIER LIVRE.

PREMIÈRE PARTIE

LA LECTURE PAR L'ÉCRITURE

EXERCICES PRÉPARATOIRES

Sur lesquels il faut passer très-brièvement

(Cahier 1. — *Bâtons.*)

1er EXERCICE : **Voyelles**

a e i o u y

2e EXERCICE : **Consonnes**

b c d f g h j

k l m n p q r

s t v w x z

5e EXERCICE : **Différentes sortes d'E (1)**

e é è ê

(1) En indiquant les sons différents de la voyelle *e* et les noms des accents, faire observer que l'accent circonfl xe (▲) fait poser plus longtemps sur les voyelles *a, e, i, o, u,* lorsqu'elles en sont affectées.

EXERCICES PRÉPARATOIRES

(Voir l'avis, page 4.)

VOYELLES ET CONSONNES

En trois formes de caractères

(CAHIER 1. — *Bâtons.*)

4ᵉ EXERCICE

i u m n r v

(1) *i u m n r v*

I U M N R V

5ᵉ EXERCICE

a e o c s x

(1) *a e o c s x*

A E O C S X

(1) Ces lignes ne sont pas données ici comme modèles de copie, mais pour faire ressortir à l'œil de l'enfant, par la comparaison, l'analogie de la plupart des caractères dans les trois formes et dans les chiffres, et les lui faire mieux retenir.

L'élève, nous le répétons, *avant d'aborder la première leçon*, page 8, ne doit copier que les exercices de son *premier cahier d'Écriture.*

EXERCICES PREPARATOIRES

(Voir l'avis, page 4.)

VOYELLES ET CONSONNES

En trois formes de caractères

(CAHIER 1. — *Bâtons.*)

6e EXERCICE

t d b h k l f

t d b h k l f

T D B H K L F

7e EXERCICE

g j p q y z

g j p q y z

G J P Q Y Z

8e EXERCICE : Chiffres comparés

1 2 3 4 5 6 7 8 9 0

1 2 3 4 5 6 7 8 9 0

1ʳᵉ LEÇON : PRINCIPES

(CAHIER 2. — *Rondeurs.*)

Faire lire d'abord les cinq voyelles, puis, celles-ci bien connues, les quatre consonnes, etc.; enfin, les syllabes, d'abord de gauche à droite, en les composant analytiquement, ensuite de haut en bas.

a e i o u

m-ma	me	mi	mo	mu
n -na	ne	ni	no	nu
r -ra	re	ri	ro	ru
v -va	ve	vi	vo	vu

a e i o u

m	*- ma*	*me*	*mi*	*mo*	*mu*
n	*- na*	*ne*	*ni*	*no*	*nu*
r	*- ra*	*re*	*ri*	*ro*	*ru*
v	*- va*	*ve*	*vi*	*vo*	*vu*

2ᵉ LEÇON : APPLICATION (1)

(CAHIER 2. — *Rondeurs.*)

Faire lire de gauche à droite, puis de haut en bas. Rappeler le rôle de l'accen circonflexe.

âne, âme, ami, mari,
u ne, u ni, mu ni, ra vi,
une ri ve, une ra me,
une ma re, une vi ve,
une ra ve, une mû re.

1. âne, âme, ami, mari,

2. une, uni, muni, ravi,

3. une rive, une rame,

4. une mare, une vive,

5. une rave, une mûre.

CALCUL. — 1ᵉʳ EXERCICE Quelle *somme* obtenez-vous en *additionnant* les trois premiers nombres? — 2ᵉ EXERCICE : *Otez*-en le quatrième, que *reste*-t-il?

(1) Avant chaque leçon d'application, revenir avec soin sur celle de principes.

1.

3ᵉ LEÇON : PRINCIPES

(Cahier 2. — *Rondeurs*.)

Faire bien remarquer les équivalences de sons. — Observer que *e*, devant *a* ou suivant une voyelle, ne se prononce pas; que *s*, *x*, à la fin des mots, ne se prononcent ordinairement pas non plus. — Nous les présentons d'ailleurs, pour fixer 'attention, en caractères italiques.

une   un   ie   ue   ée

e   è   ô   oa   ou

eu   ê   au   oi   oue

œu   ai   eau   oie   ous

eu*x*   ei   au*x*   oi*x*   ou*x*

ai   eu   oi   au   ou

m -mai   meu   moi   mau   mou

n -nai   neu   noi   nau   nou

r -rai   reu   roi   rau   rou

v -vai   veu   voi   vau   vou

(1) Bien observer le système analytique indiqué à la leçon 1.

4° LEÇON : APPLICATION (1)
(Cahier 2. — *Rondeurs.*)

ma mè re,   un mai re,

un   rê ve,   une rei ne,

un   ne veu,   un   vœu.

un   ra meau   nou eux.

un   nou veau   na vi re.

6. ma mère, un maire,

7. un rêve, une reine.

8. un neveu, un vœu,

9. un rameau noueux.

10 un nouveau navire.

CALCUL. — 1ᵉʳ EXERCICE : *Additionnez* les deux premiers nombres, quelle *somme* obtenez-vous? — 2ᵉ EXERCICE : *Otez*-en le troisième, que *reste-t-il*.

(1) Avant *chaque* leçon d'application, revenir sur celle de principes.

5° LEÇON : APPLICATION

(CAHIER 2. — *Rondeurs.*)

Ma rie a vu une oie ra re, une raie noi re, un vieux moi neau, un veau roux, une noix mû re, une roue neuve.

11. marie a vu une oie

12. rare, une raie noire,

13. un vieux moineau, un

14. veau roux, une noix

15. mûre, une roue neuve.

CALCUL.—1er EXERCICE : Quelle *somme* donnerait l'*addition* des trois premiers nombres? — 2e EXERCICE : Que *resterait*-il, en ôtant le quatrième?

6ᵉ LEÇON : APPLICATION

(CAHIER 2. — *Rondeurs.*)

Un mé moi re au roi.

Une neu vai ne à Ma rie.

Une rai nu re neu ve.

Une veu ve ru i née.

Un ne veu au mai re.

16. un mémoire au roi.

17. une neuvaine à marie.

18. une rainure neuve.

19. une veuve ruinée.

20. un neveu au maire.

CALCUL. — **1ᵉʳ EXERCICE :** *Additionnez* les deux premiers nombres, quel *total* obtenez-vous ? — **2ᵉ EXERCICE :** *Ôtez*-en le troisième, quelle *différence* avez-vous ?

7ᵉ LEÇON : PRINCIPES (CAHIER 5. — *Jambages.*)

a   e   i   o   u

b[1]- ba   be   bi   bo   bu

l - la   le   li   lo   lu

d - da   de   di   do   du

t - ta   te   ti   to   tu

p - pa   pe   pi   po   pu

ai   eu   oi   au   ou

b - bai   beu   boi   bau   bou

l - lai   leu   loi   lau   lou

d - dai   deu   doi   dau   dou

t - tai   teu   toi   tau   tou

p - pai   peu   poi   pau   pou

(1) Bien observer le système analytique indiqué aux leçons 1 et 8.

8ᵉ LEÇON : APPLICATION

Avant *chaque* leçon d'application, revenir sur celle de principes.

(CAHIER 3. — *Jambages.*)

**Mè re a eu[1] dî né à mi-
di; pè re a dî né à u-
ne [2]heu re; Bi bi a eu
de la pa na de à mè re
et[3] deux poi res à pè re.**

16. mère a dîne à mi=

17. di; père a dîné à u=

18. ne heure; bibi a eu

19. de la panade à mère

20. et deux poires à père.

(1) *Eu* se prononce quelque fois *u.* — (2) *H* est ordinairement nul. L'usage fera distinguer *h* muet de *h* aspiré. — (3) *Et* se prononce comme *è*, le rappeler à l'enfant, chaque fois que l'occasion s'en présentera

9ᵉ LEÇON : APPLICATION

(CAHIER 5. — *Jambages.*)

Bibi a été un peu têtu, à midi ; mère a eu de la peine et l'a puni ; Bibi a dû boire de l'eau au dîner.

21. bibi a été un peu

22. têtu, à midi ; mère a

23. eu de la peine et l'a

24. puni ; bibi a dû boire

25. de l'eau au dîner.

CALCUL. — **1ᵉʳ EXERCICE :** Quel *total* donne l'*addition* des trois premiers nombres ? — **2ᵉ EXERCICE :** Si l'on en *soustrait* le *total* obtenu par l'*addition* des deux derniers, que *reste*-t-il ?

10ᵉ LEÇON : APPLICATION

(Cahier 5. — *Jambages.*)

Pau li ne ai me la ro be de ma pou pée ; mais Ré né ai me ra mi eux la voi tu re neu ve du beau da da d'A na to le.

26. pauline aime la robe

27. de ma poupée ; mais

28. réné aimera mieux

29. la voiture neuve du

30. beau dada d'anatole.

CALCUL. — 1ᵉʳ EXERCICE : *Additionnez* les trois premiers nombres, qu'avez-vous ? — 2ᵉ EXERCICE : *Otez*-en la somme des deux derniers, que reste-t-il ?

11ᵉ LEÇON : APPLICATION

(CAHIER 5. — *Jambages.*)

Le neveu d'Éloi a une petite poule dorée; Léonie l'a voulue, au lieu de la poule noire d'Éloi; Léonie l'a eue.

31. le neveu d'éloi a

32. une petite poule dorée;

33. léonie l'a voulue, au

34. lieu de la poule noire

35. d'éloi; léonie l'a eue.

CALCUL. — 1ᵉʳ EXERCICE : *Additionnez* les trois prem[i]
nombres, qu'avez-vous ? — 2ᵉ EXERCICE : *Ôtez-en* la *somm*[e]
deux derniers, que *reste-t-il?*

12ᵉ LEÇON : APPLICATION

(CAHIER 5. — *Jambages.*)

Ho no ré, le ne veu de la meu ni è re, à la ro be de lai ne noi re, a une lai de pi pe à tê te de mo rue, pa pa l'a vue.

36. honoré, le neveu de

37. la meunière, à la robe

38. de laine noire, à une

39. laide pipe à tête de

40. morue; papa l'a vue.

CALCUL. — 1ᵉʳ EXERCICE : *Additionnez* les quatre premiers nombres, qu'avez-vous ? — 2ᵉ EXERCICE : *Otez*-en la *somme* des deux derniers, que *reste*-t-il ?

13ᵉ LEÇON : APPLICATION

(Cahier 5. — *Jambages*.)

Oh! la boue noire! ôte-la de la voie, Réné; la boule d'ivoire toute neuve de Madeleine roule. Oh! la voilà au vieux poteau.

41. oh! la boue noire! ôte=la

42. de la voie, réné; la boule

43. d'ivoire toute neuve de

44. madeleine roule. oh! la

45. voilà au vieux poteau.

CALCUL. — 1ᵉʳ Exercice : *Additionnez* les quatre premiers nombres, quel *total* avez-vous? — 2ᵉ Exercice : *Ôtez-en* la *somme* des deux derniers, quel *excès* obtenez-vous?

14ᵉ LEÇON : APPLICATION

(CAHIER 5. — *Jambages.*)

Babé a eu de la peine
à lire : rideau, domaine,
étau, automate, bateau,
avoine, niveau, rivaux,
étoile, heureux, vœux.

46. babé a eu de la peine

47. à lire : rideau, domaine,

48. étau, automate, bateau,

49. avoine, niveau, rivaux,

50. étoile, heureux, vœux.

CALCUL. — 1ᵉʳ EXERCICE : *Additionnez* les cinq nombres, que *total* avez-vous ? — 2ᵉ EXERCICE : *Otez*-en les trois derniers réunis, que *reste*-t-il ?

15ᵉ LEÇON : APPLICATION

(CAHIER 5. — Jambages.)

Réné a di *t*[1] au mieux :
une paire de rideaux,
de doux tourtereaux,
de beaux moineaux,
de vieux animaux.

51. réné a dit au mieux :

52. une paire de rideaux,

53. de doux tourtereaux,

54. de beaux moineaux,

55. de vieux animaux.

(1) Géréralement *t*, comme *s* et *x*, à la fin des mots, ne se prononce pas. Devant un mot commençant par une voyelle ou *h* muet, ces consonnes se lient et ne font qu'une avec la première syllabe de ce mot. Nous les présentons *isolées* du mot auquel elles appartiennent, afin de fixer l'attention des enfants.

16ᵉ LEÇON : PRINCIPES (CAHIER 5. — *Jambages.*)

Observer le système analytique indiqué aux leçons 1, 3 et 7.

	b	**l**	**d**	**p**	**r**
a -	ab	al	ad	ap	ar
e -	eb	el	ed	ep	[1]er
i -	ib	il	id	ip	ir
o -	ob	ol	od	op	or
u -	ub	ul	ud	up	ur
	f	**c**	**t**	**s**	**x**
a -	af	ac	at	as	ax
e -	ef	ec	et[1]	es	ex
i -	if	ic	it	is	ix
o -	of	oc	ot	os	ox
u -	uf	uc	ut	us	ux

(1) *Er, et, ez*, à la fin des mots; *et, est, les, des, ces, mes, tes, ses*, formant un seul mot, se prononcent le plus souvent comme è. L'observer à l'occasion

17e LEÇON : APPLICATION

(CAHIER 3. — *Jambages.*)

Octave, voilà le mois de Mai, le mois des lilas, le mois de Marie; Irma, il nous arrive le beau mois aimé.

51. octave, voilà le mois

52. de mai, le mois des li=

53. las, le mois de marie;

54. irma, il nous arrive

55. le beau mois aimé.

CALCUL. — **1er** EXERCICE : *Additionnez* les cinq nombres, quel *total* avez-vous? — **2e** EXERCICE: Que *reste*-t-il, si vous *ôtez* la *somme* des deux derniers?

18e LEÇON : APPLICATION

(CAHIER 3. — *Jambages.*)

Octave a lu hier une histoire à Irma et à Édouard. Irma a admiré Octave; il paraît habile à Édouard.

55. octave a lu hier une

57. histoire à irma et à

58. édouard. irma a ad=

59. miré octave; il paraît

60. habile à édouard.

CALCUL. — 1er EXERCICE: Quel *total* donne l'*addition* des cinq nombres? — 2e EXERCICE: Que *reste-t-il* en *retranchant* la *somme* des trois derniers?

19ᵉ LEÇON : APPLICATION

(CAHIER 3. — *Jambages.*)

Édouard a voulu lire la même *histoire* ; il l'a lue au mieux, hormis les mots : exténué, *hutte*, activité, atténué, admis.

61. édouard a voulu lire

62. la même histoire ; il l'a

63. lue au mieux, hormis

64. les mots : exténué, hutte,

65. activité, atténué, admis.

CACLUL. — 1ᵉʳ EXERCICE : Quel *total* donne l'*addition* des cinq nombres ? — 2ᵉ EXERCICE : *Multipliez* le premier par 2, quel *produit* obtenez-vous ? — 3ᵉ EXERCICE : *Retranchez*-en le deuxième, que *reste*-t-il ?

20ᵉ LEÇON : APPLICATION

(CAHIER 3. — *Jambages*.)

Il a eu un peu de peine à dire : arboré, ardu, allumé, advenu, armée, expédié, attelé, urne, altéré, ermite, orné.

66. il a eu un peu de peine

67. à dire : arboré, ardu,

68. allumé, advenu, armée,

69. expédié, attelé, urne,

70. altéré, ermite, orné.

CALCUL. — 1ᵉʳ EXERCICE : Quel *produit* donne la *multiplicatio* du dernier nombre par 2 ? — 2ᵉ EXERCICE : Si de ce *produit*, on retranche la *somme* des deux premiers, quel résultat obtient-on ?

21ᵉ LEÇON : APPLICATION

(Cahier 3. — *Jambages.*)

As-tu admiré Aimé, le nouveau bedeau, orné d'une robe noire neuve et armé d'une badine d'ébène? Irma l'a vu.

71. as = tu admiré aimé,

72. le nouveau bedeau, orné

73. d'une robe noire neuve

74. et armé d'une badine

75. d'ébène! irma l'a vu.

CALCUL. — *Additionnez* les cinq nombres; *retranchez* du *total* le troisième *multiplié* par 2, qu'avez-vous ?

22ᵉ LEÇON : APPLICATION

(Cahier 3. — Jambages.)

**Père a appelé Édouard
et Ismérie. Il a remis à
Ismérie une boîte et à
Édouard une armure.
Irma les a admirées.**

76. père a appelé édouard

77. et ismérie. il a remis à

78. ismérie une boîte et à

79. édouard une armure.

80. irma les a admirées.

CALCUL. — *Retranchez* de la *somme* des cinq nombres, le *produit* du quatrième par **2**, que reste-t-il?

23ᵉ LEÇON : PRINCIPES

(CAHIER 3. — *Jambages.*)

Nous conseillons de ne pas trop insister sur ces leçons de principes, pour ne pas fa iguer l'attention des enfants, mais d'y revenir avant *chaque* leçon d'application. — Ne pas perdre de vue un seul instant qu'il est indispensable de varier le plus possible leur travail; c'est tout le plan de cette méthode.

	ac	ar	al	el	ap
b⁻[1]	bac	bar	bal	bel	bap
l –	lac	lar	lal	lel	lap
d –	dac	dar	dal	del	dap
t –	tac	tar	tal	tel	tap
r –	rac	rar	ral	rel	rap
m –	mac	mar	mal	mel	map
n –	nac	nar	nal	nel	nap

(1) Faire bien suivre le système analytique des leçons 1, 3, 7 et 15.

23° LEÇON (suite)

(Cahier 3. — *Jambages.*)

	er	ir	or	ol	ul
b-	ber-	bir	bor	bol	bul
d-	der	dir	dor	dol	dul
m-	mer	mir	mor	mol	mul
v-	ver	vir	vor	vol	vul

	air	eur	aur	oir	our
l-	lair	leur	laur	loir	lour
t-	tair	teur	taur	toir	tour
p-	pair	peur	paur	poir	pour
n-	nair	neur	naur	noir	nour

24ᵉ LEÇON : APPLICATION

(CAHIER 3. — *Jambages.*)

Al ber ti ne par ti ra mar di a vec pè re, pour re ve nir sa me di; elle ap por te ra une bel le bal le à Hec tor, une pou pée à Na net te et une bel le ro be de moire pour mè re.

81. albertine partira mardi

82. avec père, pour revenir

83. samedi; elle apportera une

84. belle balle à hector, une

85. poupée à nanette et une belle

86. robe de moire pour mère.

CALCUL. — *Retranchez* de la *somme* des six nombres le *produit* de la *multiplication* du premier par 3.

25ᵉ LEÇON : APPLICATION

(CAHIER 3. — *Jambages.*)

Hector a été mordu par ma Lolote hier à midi; Lolote a été battue par père; mais Hector avait battu Lolote avec un marteau, et il ne l'avait pas dit à père.

87. hector a été mordu par

88. ma lolote hier à midi; ,lolote

89. a été battue par père; mais

90. hector avait battu lolote

91. avec un marteau, et il

92. ne l'avait pas dit à père.

CALCUL. — *Retranchez* de la *somme* des six nombres le *produit* de la *multiplication* du deuxième par **3**.

2.

26ᵉ LEÇON : APPLICATION

(CAHIER 3. — *Jambages.*)

Pauline a mal à la tête, elle est au lit; la petite vilaine a dévoré une énorme tartine de beurre à l'*heu*re du dîner, tartine des tinée à Paul; mais elle n'a pas voulu l'avouer.

93. pauline a mal à la tête,

94. elle est au lit; la petite vilaine

95. a dévoré une énorme tartine

96. de beurre à l'heure du dîner,

97. tartine destinée à paul; mais

98. elle n'a pas voulu l'avouer.

CALCUL. — *Retranchez* de la *somme* des six nombres le *pro-duit* du premier par 4.

27ᵉ LEÇON : APPLICATION

(Cahier 3. — *Jambages.*)

Pauline ne peut pas dormir; elle aime la pâte pectorale, Madeleine est allée lui porter de la pâte pectorale. Ne valait-il pas mieux pour Pauline respirer l'air pur?

99. pauline ne peut pas dor-

100. mir; elle aime la pâte pecto-

101. rale, madeleine est allée lui

102. porter de la pâte pectorale.

103. ne valait-il pas mieux pour

104. pauline respirer l'air pur!

CALCUL. — *Retranchez* de 3 fois la *somme* des six nombres le *produit* du premier par 4 ajouté au *produit* du deuxième par 5.

28ᵉ LEÇON : APPLICATION

(CAHIER 3. — *Jambages.*)

Martel ne va pas tarder à venir pour la lecture du devoir de Paul. Paul a apporté une ardeur toute nouvelle à revoir la partie mal étudiée hier. Paul n'a pas peur de Martel.

105. martel ne va pas tarder à

106. venir pour la lecture du devoir

107. de paul. paul a apporté une

108. ardeur toute nouvelle à revoir

109. la partie mal étudiée hier.

110. paul n'a pas peur de martel.

CALCUL. — *Retranchez* de 3 fois la *somme* des six nombres le *produit* de la *multiplication* du premier par 4 et du deuxième par 5.

29ᵉ LEÇON : APPLICATION

(CAHIER 3. — *Jambages.*)

Réné, le petit ramoneur noir, a eu le pied tordu; il est malade; Victor l'a été voir; il ne murmure pas; le docteur n'a pas tardé à venir; il est resté une heure. Réné ira-t-il mieux?

111. réné, le petit ramoneur

112. noir, a eu le pied tordu; il est

113. malade; victor l'a été voir; il

114. ne murmure pas; le docteur n'a

115. pas tardé à venir; il est resté

116. une heure. réné ira-t-il mieux!

CALCUL. — *Retranchez* de 4 fois la *somme* des six nombres, le *produit* du premier par 8 et de la moitié du deuxième par 6.

30ᵉ LEÇON : APPLICATION

(CAHIER 3. — *Jambages.*)

Dieu le père de tous les mortels, *heureux* ou mal*heureux*, voilà l'espoir de Réné. Réné a une mère malade, il l'aime et ramone pour elle. La voix de Réné arrivera à Dieu.

117. dieu le père de tous les

118. mortels, heureux ou malheu-

119. reux, voilà l'espoir de réné

120. réné a une mère malade, il

121. l'aine et ramone pour elle.

122. la voix de réné arrivera à dieu.

CALCUL. — *Retranchez* de **4** fois la *somme* des six nombres, le *produit* de la moitié du deuxième par **5** et de la moitié du quatrième par **6**

31° LEÇON : APPLICATION

(Cahier 3. — *Jambages.*)

**Vou loi r, pou voir, ver dir, res-
ter, boi re, mau di re, ra vi ver,
mou rir, nour rir, a lour dir,
mur mu rer, trai re, a ver tir,
hu mec ter, la bou rer, par ler :
voi là des mo*t*s ap pe lés verbe*s*.**

123. vouloir, pouvoir, verdir, res-

124. ter, boire, maudire, raviver,

125. mourir, nourrir, alourdir,

126. murmurer, traire, avertir,

127. humecter, labourer, parler :

128. voilà des mots appelés verbes.

CALCUL. — *Retranchez* de 4 fois la *somme* des six nombres, le *produit* de la moitié du deuxième par 6 et de la moitié du quatrième par 7.

32ᵉ LEÇON : APPLICATION

(CAHIER 5. — *Jambages.*)

**Vic tor li *t* au mi eux les mots:
mor tel, la bour, la bou reur,
la beur, lour deur, vic toi re,
ter reur, lai deur, nour ri tu re,
ar deur, a mour, a mer tu me,
va leur, dor toir, lar doir, Lau re.**

129. *victor lit au mieux les mots :*

130. *mortel, labour, laboureur,*

131. *labeur, lourdeur, victoire,*

132. *terreur, laideur, nourriture,*

133. *ardeur, amour, amertume,*

134. *valeur, dortoir, lardoir, laure*

CALCUL. — De 4 fois la *somme* des six nombres, *ôtez* le *produit* de la moitié du deuxième par **6** et de la moitié du sixième par **7**.

LETTRES MAJUSCULES ANGLAISES

Nous donnons ici ces lettres afin que l'élève, s'exerçant en même temps à les imiter, d'après les modèles de son cahier (4e de notre *Méthode d'écriture*), puisse, à l'avenir, les employer dans les exercices écrits de ce petit livre.

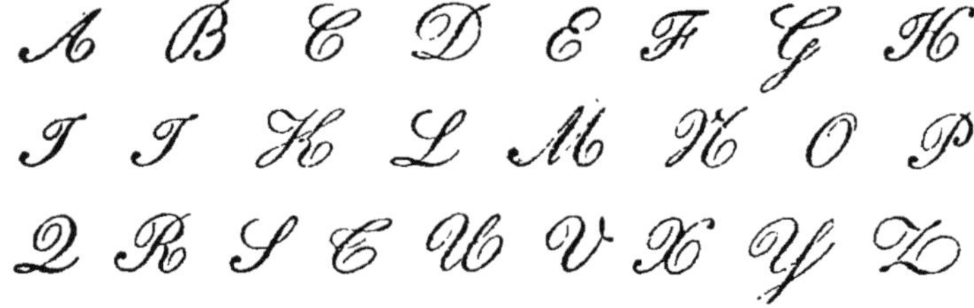

33e LEÇON : APPLICATION

(CAHIER 4. — *Majuscules.*)

Amour, Beauté, Douleur, Lecteur, Marmite, Octave, Perte, Révolte, Terroir, Vue.

Amour, Beauté, Douleur, Lecteur, Marmite, Octave, Perte, Révolte, Terroir, Vue.

Nous cessons ici d'indiquer les numéros des cahiers d'écriture à faire suivre simultanément avec nos leçons; le MAITRE en fera lui-même la désignation selon la force des élèves. Il fera de même par rapport aux petits exercices de calcul.

34e LEÇON : PRINCIPES

Sons équivalents

ca ' = *ca* ro li ne.	ça² = me na *ça*.	za = a *za* ël.
ka = *ka* by le.	sa = *sa* me di.	sa = a mu *sa*.
qua¹ = *qua* li té.	ce = co mi *ce*.	ze = sei *ze*.
ke = du co *ke*.	se = *se* mou le.	se = ce ri *se*.
que = un cas *que*.	cé = *cé* ci té.	zé = *zé* lé.
ké = *ké* pi.	sé = *sé* ré na de.	sé = ai *sé*.
quê = ma re *quê* te	ci = cé *ci* le.	zi = *zi* za nie.
ki = un *ki* os que	si = la *si* cile.	si = sai *si*.
qui = *qui* vi ve?	ti' = na *ti* o nal.	zo = a *zo* te.
co = *co* mi que.	ço = a *ço* res.	so = dé *so* lé.
ko = *quo* ti di en.	so = *so* ci é té.	zu = a *zu* ré.
	çu = a per *çu*.	su = me *su* ré.
	su = il *su* ço te.	

(1) Observez que *q* est toujours suivi de *u*, excepté à la fin des mots, et presque toujours a le son de *k*. — (2) *c* se prononce *s* devant *e*, *i*, *y*; il prend la cédille pour avoir même prononciation devant *a*, *o*, *u*.—(3) Ordinairement *t*, entre deux voyelles, se prononce *c*. — (4) *s*, entre deux voyelles, prend le son de *z*.

' Expliquer la signification du signe =.

35ᵉ LEÇON : PRINCIPES

Sons équivalents et sons propres

Sons équivalents

	F = PH	R = RH
ja = *ja* mais.	**fa** = *fa* ci li té.	**ra** = il se *ra* se.
gea[1] = il na *gea*.	**pha** = *pha* ra on.	**rha** = sa *rha*.
je = *je* t'ai me.	**fe** = ce la se *fe* ra	**rê** = *ré* ve rie.
ge = u sa *ge*.	**phe** = phi lo so *phe*	**rhé** = *rhé* teur.
jé = *jé* ré mie.	**fé** = ca *fé* mo ka.	**ru** = une *ru* se.
gé = il a na *gé*.	**phé** = é *phé* mè re.	**rhu** = un *rhu* me.
ji = *j'i* rai.	**fi** = *fi* dé li té.	**th = t**
gi = au *gî* te.	**phi** = *phi* lo mè ne	**té** = fé li ci *té*.
jo = *jo* vial.	**phy** = *phy* si ci en.	**thé** = *thé* o phi le.
geo = *geô* li er.	**fo** = sa *fo* lie.	**to** = sa *to* pa ze.
ju = un *ju* ge.	**pho** = un *pho* que.	**tho** = li *tho* pha ne
geu = ver *geu* re		

Sons propres

ga = *ga* ze | **go** = *go* be | **gu** = ai *gu* | **gou** = *goûte* | **gue** = figue

(1) Observer que *g* suivi de *e*, devant les voyelles *a, o, u*, a le son de *j*. Il a le même son quand il est immédiatement suivi de *e, i, y*.

Sons propres

am[1], an : *am* nis tie, *an* na – **im, in :** *im* mo ler, *in* no ver

Sons équivalents

am, an[2] : *am* pu té, *an* go ra – **em, en[3] :** *em* por ter, *en* du rer

im, in : *im* pôt, *in* jus te – **ain, ein :** *ain* si, *pein* tu re

om, on : *om* bel le, *on* ze.

am, an – em, en – im, in, ain, ein – om, on

b -	bam	bem	bain	bom
d -	dan	den	dein	don
l -	lam	lem	lain	lom
p -	pan	pen	pein	pon

Observer que (1) *am, an, im, in* ne conservent ordinairement leurs sons propres, qu'autant que la syllabe qu'iles suit commence par *m* ou *n*.—(2) *An, en, on, in,* changent

36ᵉ LEÇON (suite)

ron — tom — mon — nom — vom — son — con — fon — gom — jon

rim — tin — main — neim — vin — sim — ceim — fein — gim — jeim

rem — ten — mem — nem — ven — sen — cen — fen — gem — jen

ram — tan — man — nam — van — san — can — fan — gan — jam

r- — t- — m- — n- — v- — s- — c- — f- — g- — j-

n en m devant b et p. = (3) *En* a le son de *an* seulement quand il n'est pas suivi de *n* (*ennui* excepté) ou qu'il n'est pas à la fin d'un mot car alors il se prononce *in*; exemple : *rien*, *bien*, etc.

37ᵉ LEÇON : APPLICATION

Re mer ciez Di eu, jeu ne*s* en fan*t*s ; voi là dé jà bi en des dif fi cul tés de lec tu re vain cu*es* ; c'es*t* a vec son ai de qu'el le*s* l'on*t* é té. Ce n'es*t* pas tou*t* : il vous en res te en co re beau cou *p* à sur mon ter ; vous ne pou vez ri en san*s* lui ; de man dez lui qu'il vous ren de en co re vic to ri eu*x*, et il vou*s* ex au ce ra, n'en dou tez pas.

Remerciez Dieu, jeunes enfants ; voilà déjà bien des difficultés de lecture vaincues ; c'est avec son aide qu'elles l'ont été. Ce n'est pas tout : il vous en reste encore beau= coup à surmonter ; vous ne pouvez rien sans lui ; demandez lui qu'il vous rende encore victorieux et il vous exaucera, n'en doutez pas.

38ᵉ LEÇON : APPLICATION

C'est aujourd'hui jour de composition. A onze heures, commencera la répétition de la leçon qu'on aura lue le matin même. Nous sommes seize à composer. Je veux me distinguer, cette fois; si je suis nommé le cinquième, je serai assez content. Dans un mois, ce sera composition en histoire sainte.

C'est aujourd'hui jour de composition. A onze heures, commencera la répétition de la leçon qu'on aura lue le matin même. Nous sommes seize à composer. Je veux me distinguer, cette fois; si je suis nommé le cinquième, je serai assez content. Dans un mois, ce sera composition en histoire sainte.

39ᵉ LEÇON : APPLICATION

Mon enfant, retenez bien ceci : ce qui est défendu, c'est le mal ; ce qui est permis et commandé, c'est le bien. Évitez le mal et faites le bien. En agissant ainsi, votre conduite sera excellente ; elle sera celle d'un enfant docile et sage qui veut faire la joie de ses parents et l'ornement de la société.

Mon enfant, retenez bien ceci : ce qui est défendu, c'est le mal ; ce qui est permis et commandé, c'est le bien. Évitez le mal et faites le bien. En agissant ainsi, votre conduite sera excellente ; elle sera celle d'un enfant docile et sage qui veut faire la joie de ses parents et l'ornement de la société.

40ᵉ LEÇON : APPLICATION

Zulma a un *rhu*me bien tenace.
Quan*d* sera-*t*-elle guérie? Quan*d*
Zulma fera tout ce qu'il faut pour
cela: quan*d* elle écoutera son
excellente maman; quan*d* elle saura
accepter de bon cœur et boire cou-
rageusemen*t* les tisane*s* ordonnées
par le docteur, quelle qu'en soit l'a-
mertume; qu'elle en soit convaincue.

Zulma a un rhume bien tenace.
Quand sera-t-elle guérie! Quand
Zulma fera tout ce qu'il faut pour
cela: quand elle écoutera son
excellente maman; quand elle saura
accepter de bon cœur et boire cou-
rageusement les tisanes ordonnées
par le docteur, quelle qu'en soit l'a-
mertume; qu'elle en soit convaincue.

41ᵉ LEÇON : APPLICATION

Orne ton âme de qualités solides, mon enfant, car elle est immortelle. Sois sans indécision, quand il s'agira d'immoler tes vilains défauts, tes goûts mauvais sur l'autel de la vertu. Ce sera dans un monde inconnu jusqu'ici, mais où Dieu nous convie tous les jours, que nous aurons la récompense réservée à ceux qui auront bien vécu.

Orne ton âme de qualités solides, mon enfant, car elle est immortelle. Sois sans indécision, quand il s'agira d'immoler tes vilains défauts, tes goûts mauvais sur l'autel de la vertu. Ce sera dans un monde inconnu jusqu'ici, mais où Dieu nous convie tous les jours, que nous aurons la récompense réservée à ceux qui auront bien vécu.

42ᵉ LEÇON : APPLICATION

Théo phi le est un pe tit cu ri eux. Sa ma man a vait de man dé un bain. Thé- o phi le a sui vi le gar çon ; puis, en son ab sen ce, a tour né le ro bi net : l'eau a cou lé a vec a bon d an ce ; il a eu peur, s'es t en fui, est tom bé, et peu s'en es t fal lu que le bam bin ne se fen dît la tê te. Ce la le cor ri ge ra, je pen se. C'es t si vi lain la cu ri o si té !

Théophile est un petit curieux. Sa maman avait demandé un bain. Théophile a suivi le garçon ; puis, en son absence, a tourné le robinet : l'eau a coulé avec abondance ; il a eu peur, s'est enfui, est tombé, et peu s'en est fallu que le bambin ne se fendît la tête. Cela le corrigera, je pense. C'est si vilain la curiosité !

43ᵉ LEÇON : APPLICATION

Théophile a bien mal à la tête ce matin; il se repent bien aujourd'hui de sa curiosité d'hier; et, quoiqu'il en ait été quitte à bon compte, pour une bosse, énorme il faut le dire, cependant il ne recommencera pas de sitôt, j'en réponds, à se laisser aller à la désobéissance et à la curiosité.

Théophile a bien mal à la tête ce matin; il se repent bien aujourd'hui de sa curiosité d'hier; et, quoiqu'il en ait été quitte à bon compte, pour une bosse, énorme il faut le dire, cependant il ne recommencera pas de sitôt, j'en réponds, à se laisser aller à la désobéissance et à la curiosité.

44ᵉ LEÇON : APPLICATION

Les mau vai se s ac ti ons sont sou vent sui vie s im mé di a te ment de leur pu ni- ti on. Ain si, Gus ta ve a é té im po li et en tê té; puis, il a, a vec Lu ci en, a ga cé le do gue du gar de Thé o do re : cet a ni mal s'est fa ti gué et les a mor dus tous deux. — Zi zi ne, Sa rha, Fé lix et Vic tor ont tour-à-tour fu mé un ci ga re : il s ont été ma la des.

Les mauvaises actions sont souvent suivies immédiatement de leur puni= tion. Ainsi, Gustave a été impoli et entêté; puis, il a, avec Lucien, agacé le dogue du garde Théodore : cet animal s'est fatigué et les a mordus tous deux. == Zizine, Sarha, Félix et Victor ont tour=à=tour fumé un cigare : ils ont été malades.

45ᵉ LEÇON : APPLICATION

Les récompenses suivent les bonnes actions. Ainsi, Henriette a visité la délaissée Madelon, dans sa cabane, et lui a porté du pain, du vin, du thé d'excellente qualité et de l'argent; elle lui a fait donner, de l'usine à gaz, du coke pour l'hiver. Eh bien! Henriette, ce jour là même, a reçu de son parrain un superbe cadeau.

Les récompenses suivent les bonnes actions. Ainsi, Henriette a visité la délaissée Madelon, dans sa cabane, et lui a porté du pain, du vin, du thé d'excellente qualité et de l'argent; elle lui a fait donner, de l'usine à gaz, du coke pour l'hiver. Eh bien! Henriette, ce jour là même, a reçu de son parrain un superbe cadeau.

46ᵉ LEÇON : APPLICATION

Lun di et mar di, j'ai é té voir ma tan te et mon par rain, à Pan tin. J'y suis res té, et, le len de main, Jé-rô me, Ja not, Jean, Phi lip pe et Syl vain sont ve nus jou er a vec moi; il*s* on*t* ap por té leur singe; la pin*s*, pou le*s* et din dons en on*t* eu peur et se sont sau vé*es* dans le jar din; ma tan te é tait mé con ten te.

Lundi et mardi, j'ai été voir ma tante et mon parrain, à Pantin. J'y suis resté, et, le lendemain, Jé-rôme, Janot, Jean, Philippe et Silvain sont venus jouer avec moi; ils ont apporté leur singe; lapins, poules et dindons en ont eu peur et se sont sauvés dans le jardin; ma tante était mécontente.

47° LEÇON : APPLICATION

Phi lo mè ne a si*x* an*s* ; sa *sa* ges se
é *ga* le sa dou ceur ; in tel li gen te
et at ten ti ve, el le ne perd pa*s* un
mo*t* des le çon*s* qu'on lui don ne et
don *t* el le est bi en re con nais san te.
Sa pe ti te fi gu re ou ver te in di que
com bien el le dé si re sa voir ; aus si
se ra - *t* - elle bi en tô *t* une pe ti te sa-
van te, ai mé*e* de tout le mon de.

*Philomène a six ans ; sa sagesse
égale sa douceur ; intelligente
et attentive, elle ne perd pas un
mot des leçons qu'on lui donne et
dont elle est bien reconnaissante.
Sa petite figure ouverte indique
combien elle désire savoir ; aussi
sera-t-elle bientôt une petite sa-
vante, aimée de tout le monde.*

48ᵉ LEÇON : **APPLICATION**

Pen sez sou ven*t* à Dieu, mon bon pe ti*t* en fan*t*. Il veu*t*, vous le sa-vez, que, ma tin et soir, nous nous met ti on*s* pi eu se men*t* à ge noux, pour lui ex po ser les be soin*s* de no*s* â me*s*. N'y man quez ja mais, mon en fan*t*; vos vœux mon te ron*t* au Ci el et ar ri ve ron*t* jus qu'à lui. Il les ex au ce ra, n'en dou tez pas.

Pensez souvent à Dieu, mon bon petit enfant. Il veut, vous le sa=
vez, que, matin et soir, nous nous mettions pieusement à genoux,
pour lui exposer les besoins de nos âmes. N'y manquez jamais, mon
enfant; vos vœux monteront au Ciel et arriveront jusqu'à lui. Il
les exaucera, n'en doutez pas.

49ᵉ LEÇON : APPLICATION

Voyelles précédées d'une consonne double et formant syllabe.

bla	ble	blé	bli	blo	blu
cla	cle	clé	cli	clo	clu
fla	fle	flé	fli	flo	flu
gla	gle	glé	gli	glo	glu
pla	ple	plé	pli	plo	plu
bra	bre	bré	bri	bro	bru
cra	cre	cré	cri	cro	cru
dra	dre	dré	dri	dro	dru
fra	fre	fré	fri	fro	fru
gra	gre	gré	gri	gro	gru
pra	pre	pré	pri	pro	pru
tra	tre	tré	tri	tro	tru
vra	vre	vré	vri	vro	vru

50ᵉ LEÇON : APPLICATION

A mes petits Lecteurs et à mes petites Lectrices.

Dans les pa ges qui vont sui vre, vous trou ve rez, mes peti *t s* a mis, une pa ge im pri m*é*e en ca rac tè res ty po gra phi que*s* or di nai re*s*, com me celle-ci, al ter nan*t* a vec une au tre pa ge d'an glai se ty po gra phi que, c'es*t*-à-dire d'é cri tu re.

Vou*s* de vrez, sur l'a vis de vo*s* maî tre*s* ou de vo*s* maî tres se*s*, vou*s* ex er cer à trans for mer la pre mi è re, a prè*s* l'a voir bi en lu*e*, en vo tre plus bel le é cri tu re, en ré u nis san*t* les syl la be*s*, pour que les mot*s* soi*ent* bi en dis tinct*s* les un*s* des au tre*s*.

Com me on vou*s* trou ve ra dé jà ca pa ble*s*, quan*d* cet te trans for ma ti on au ra été *heu* reu se men*t* ac com pli*e*!

51ᵉ LEÇON : APPLICATION

A mes petits Lecteurs et à mes petites Lectrices (*suite.*)

Et, à quoi vous ser vi ront les pa ge s im pri mée s en ca rac tè res d'é cri tu re? D'a bord, el les vous ren dront plus fa- ci le la tran siti on de la lec tu re des mot s à syl la bes sé pa ré es de ce pe- ti t ou vra ge, à la lec tu re des mot s à syl la bes ré u nie s de sa se con de par- tie : Lecture et Copie *ou Préparation à l'orthographe d'usage et à la Lecture des manuscrits.*

Puis, el les vou s ex er ce ront dé jà au x lec tu res ma nus cri tes. En sui te, el les vous fe ront d'ex cel lent s mo dèles de co pie, et la co pie vous fe ra re te nir plus facile men t l'orthographe dcs mot s.

Quel le joie, quand la pa ge de votre ca hier se ra pres qu'aus si bi en é cri te que cel le de vo tre li vre !

52ᵉ LEÇON : APPLICATION

A mes petits Lecteurs et à mes petites Lectrices (*Suite.*)

Il y a encore un exercice, mes amis, qui vous fera une excellente préparation à l'orthographe.

J'en fais mention en tête de LECTURE ET COPIE, ouvrage qui vous est encore destiné, par ce qu'il est la suite obligée de celui-ci

Vos maîtres et vos maîtresses, qui ne le font pas déjà pratiquer, me sauront gré, j'en suis sûr, de vous l'indiquer ici.

Vos maîtres et vos maîtresses !

Combien vous devez leur être reconnaissants et les aimer, pour toutes les peines qu'ils prennent, afin de vous aplanir les difficultés que rencontre toujours celui qui veut apprendre.

53e LEÇON : APPLICATION

**A mes petits Lecteurs et à mes petites
Lectrices** (*suite.*)

Vou*s* ête*s* im pa ti en*ts*, n'es*t* - ce
pas, mes pe ti*ts* lec teur*s* bi en-ai mé*s*,
de sa voir en quoi con sis te l'ex er ci ce
que je vou*s* an non ce dan*s* la le çon
précédente?

Il es*t* bi en sim ple.

Le voi ci :

Vou*s* li rez bien at ten ti ve men*t* votre le çon, à com men cer par cel -
le - ci.

Vou*s* la li rez plu si eur*s* foi*s*, et à
des mo men*ts* dif fé ren*ts;*

Et, quan*d* vo*s* maî tre*s* ou vo*s* maîtres se*s* ju ge ron*t* que vous la li sez de
fa çon à mé ri ter des é lo ge*s*, eu*x*, ou
les mo ni teur*s* nom mé*s* par eu*x*, vous
la feron*t* écrire, très-dou ce men*t*, à la
dic té*e*.

54ᵉ LEÇON : APPLICATION

A mes petits Lecteurs et à mes petites Lectrices (*fin.*)

Écrire à la dictée !

Oui, mes petits amis.

Et, après que vous l'aurez fait, comme il est dit à la leçon précédente, vous épellerez, suivant le mode qu'emploient vos excellents maîtres, ce qu'on vous aura fait écrire.

Alors vous corrigerez vos fautes ; après quoi, vous transcrirez proprement la leçon corrigée.

Et je vous promets qu'en suivant toujours ce procédé si simple, vous ne tarderez pas bien longtemps à être capables d'écrire, presque sans faute, l'orthographe d'usage.

Ainsi donc, lecture et copie, lecture et dictée : voilà le secret des progrès qu'on est en droit d'attendre de vous.

55ᵉ LEÇON : **APPLICATION**

Dieu nous voit

Cyprien revenait d'une longue promenade avec son père.

Cyprien était bien fatigué; il se traînait en quelque sorte suspendu au bras de son papa; ses petites jambes avaient peine à le soutenir.

Ils allaient en silence, longeant alors la *haie* d'un beau jardin.

— « Père, j'ai bien soif, » dit Cyprien.

— « Prends patience, mon petit Cyprien, lui répondit son papa; nous sommes près de la maison, nous ne tarderons pas à être auprès de ta maman. »

— « Oh! les jolies poires! s'écria tout-à-coup Cyprien. Avec quel plaisir, j'en mangerais une! »

— « Je le crois sans peine; mais cet arbre est dans un jardin fermé de toutes parts et l'on n'y peut pénétrer.

56ᵉ LEÇON : APPLICATION
Dieu nous voit (suite.)

— « La haie n'est pas très-épaisse, reprit Cyprien, & voici justement un trou. Je ne suis pas gros, je n'aurais pas de peine à pénétrer par là. »

— « C'est vrai; mais que dirait le maître du jardin, s'il se trouvait là à ta rencontre ! »

« Il n'y est pas assurément, & je suis très-certain qu'il n'y a personne. »

— « Tu te trompes, mon enfant; il y a quelqu'un qui nous voit & qui nous punirait avec justice, parcequ'il y aurait du mal à faire ce que tu me proposes. »

— « Et qui serait-ce donc, père ! »

— « Celui qui est présent partout, qui ne nous perd jamais de vue & qui pénètre jusqu'au plus profond de nos pensées : DIEU ! »

57ᵉ LEÇON : APPLICATION

Dieu nous voit (*fin.*)

Au même instant, se lève, derrière la *haie*, le propriétaire du jardin, que Cyprien ni son père n'avait aperçu étendu sur un banc de gazon.

— « Sans ton père, dit-il à l'enfant, tu te serais glissé dans mon jardin, pour y prendre ce qui ne t'appartient pas. Remercie Dieu de n'en avoir rien fait : au pied de ces arbres, on a tendu des pièges pour prendre les voleurs ; tu t'y serais blessé et tu aurais été boiteux pour toujours. Mais, puisqu'un mot de ton père t'a fait renoncer au larcin que tu projetais, je vais te donner avec plaisir ces fruits que tu aurais pris à ton grand détriment. »

Alors, se dirigeant vers le plus beau poirier, il secoua l'arbre et emplit la blouse de Cyprien de ses plus jolies poires.

58ᵉ LEÇON : APPLICATION

Frédéric

Frédéric avait huit ans.

Clotilde, sa petite sœur, était à peine entrée dans sa sixième année.

Clotilde aimait son frère plus que tout au monde; mais Frédéric, toutes les fois que l'occasion s'en présentait, ne manquait pas de lui prouver qu'il n'avait pas pour elle une affection aussi grande.

C'est que Frédéric avait un grand défaut : il voulait être le maître partout & toujours.

Clotilde était obligée de se prêter à ses moindres caprices; &, pour peu qu'il trouvât d'obstacles à ce qu'il avait projeté de faire, il devenait blême, entrait dans une grande colère & brisait tout ce qu'il trouvait à la portée de sa main.

59ᵉ LEÇON : APPLICATION

Frédéric (*suite.*)

Un jour Fré dé ric et Clo til de jou aie*n t* en sem ble à la bal le dan*s* un gran*d* ver ger qui é tai*t* la pro pri é té de leur*s* pa ren*ts*.

Une pe ti te *haie* en fer mai*t* ce ver ger et le met tai *t* à l'a bri des dé vas ta ti on*s* qu'au rai*ent* pu y com met tre les en fan*ts* mal é le vé*s* du voi si na ge.

Cet te *haie* é tai*t* dé fen du*e* tou *t* au tour par un fos sé peu pro fon*d*, mais tro*p* lar ge pour qu'il pû*t* pren dre fan tai si*e* au*x* pe ti*ts* va ga bon*ds* de le tra ver ser.

La por te qui don nai*t* en tré*e* dans le ver ger, é tai*t*, ce jour-là, tou te gran de ou ver te.

Il fal lai*t* tra ver ser une es pè ce de pon*t* de bois, je té sur le fos sé, pour y ar ri ver.

60ᵉ LEÇON : APPLICATION
Frédéric (suite.)

Frédéric était donc à jouer à la balle dans le grand verger, avec la bonne petite Clotilde, si douce, si docile.

Frédéric lançait la balle de toutes ses forces & Clotilde, la recevant sur une raquette, devait lui faire reprendre la route par laquelle elle était venue.

Or, Frédéric lançait souvent la balle si loin, si loin que les petites jambes de la pauvre Clotilde ne lui permettaient guère de l'atteindre.

Alors Frédéric s'impatientait ; il criait après Clotilde, frappait du pied & trouvait que sa sœur était une petite maladroite, avec qui il n'y avait pas le moindre plaisir à jouer.

Il alla même jusqu'à frapper la pauvre enfant, qui se prit à pleurer.

61ᵉ LEÇON : APPLICATION

Frédéric (*suite.*)

A lors Fré dé ric, lui ti rant bru talement la ra quet te des mains, se mi t à lan cer si ma la droi te ment la bal le, qu'el le al la tom ber, par des sus la *h*aie, sur la rou te.

Sur le pe ti*t* pon*t* de bois, à la por te d'en tr*é*e du ver ger, se trou vai*t* un pe ti*t* gar çon qui a vai *t* é té té moin de la bru ta li té de Fré dé ric envers la pe ti te Clo dil de.

S'a dres san *t* à ce pe ti*t* gar çon, Frédé ric lui cri a d'un ton *h*au tain :

« Ren voi*e*-moi donc la bal le? »

Le pe ti*t* gar çon ne bou ge*a* pas.

« Ren voi*e*-moi donc la bal le! » repri*t* Fré dé ric d'un ton plu s im pé ri eu*x*.

Pour tou te ré pon se, le pe ti*t* gar çon *h*aus se les é pau le*s* et s'ap prê te à quit ter la pla ce.

62ᵉ LEÇON : APPLICATION
Frédéric (fin.)

Furieux qu'on reste sourd à ses ordres, Frédéric court après le petit garçon pour le frapper ; mais il glisse sur le pont humide, & va rouler dans le fossé bourbeux.

Plus Frédéric fait d'efforts pour se tirer de là, plus il s'enfonce ; &, sans le petit garçon qu'il voulait maltraiter, on ne sait que trop le malheur qu'on pouvait avoir à déplorer.

Inutile de vous dire le triste état dans lequel se trouvait Frédéric, quand il se présenta devant son père & sa mère.

En leur apprenant la cause de son aventure, Frédéric était rempli de honte, honte qui lui fut salutaire, car il prit dès lors une résolution qu'il a tenue depuis : celle de maîtriser son caractère & de ne plus jamais se mettre en colère.

NOUVELLE
MÉTHODE PROGRESSIVE D'ÉCRITURE

DITE

LA GRAMMAIRE PAR L'ÉCRITURE

PAR C. MARLIER

Revue, corrigée et augmentée

PAR M. SARAZIN

Inspecteur général des Écoles communales du département
de la Seine, etc.

HONORÉE D'UNE MÉDAILLE D'OR

Par la Société des Sciences industrielles, Arts,
Belles-Lettres, et d'une mention honorable
à l'Exposition universelle de 1867.

APPROUVÉE PAR MGR L'ARCHEVÊQUE DE PARIS

Recommandée par la Société des Instituteurs
et Institutrices de la Seine.

**La Méthode renferme 10 cahiers
de 22 pages d'écriture, à 10 centimes l'un.
Prix du cent, 7 francs.**

On expédie *franco* par la poste chaque ouvrage demandé
par *lettre affranchie* et renfermant sa valeur en timbres-poste
de 20 centimes.

Cambrai. — Typ. L. Carion, rue de Noyon, 9.

9 782329 024875